TENSÕES CRIATIVAS DA REVOLUÇÃO
a quinta fase do processo de transformação

ÁLVARO GARCÍA LINERA

TENSÕES CRIATIVAS DA REVOLUÇÃO
a quinta fase do processo de transformação

1ª edição

EXPRESSÃO POPULAR

São Paulo – 2019

Copyright © 2019 by Editora Expressão Popular

Título original: *Las tensiones creativas de la revolución: la quinta fase del Proceso de Cambio*

Revisão: *Marina Almeida, Dulcineia Pavan, Cecília Luedemann*
Projeto gráfico e diagramação: *ZAP Design*
Tradução: *Marcela Ferreira Zaccari*
Arte da capa: *Felipe Canova*

Dados Internacionais de Catalogação-na-Publicação (CIP)

G216t   García Linera, Álvaro
        As tensões criativas da revolução: a quinta fase do processo de transformação. / Álvaro García Linera; tradução de Marcela Ferreira Zaccari.—1.ed.--São Paulo : Expressão Popular, 2019.
        72p.

        Indexado em GeoDados - http://www.geodados.uem.br.
        Título original: Las tensiones creativas de la revolución: la quinta fase del processo de cambio.
        ISBN 978-85-7743-357-5

        1. Lutas de classe – Bolívia. 2. Mobilização popular – Bolívia. 3. Movimento ao Socialismo (MAS) – Bolívia. 4. Movimentos sociais – Bolívia. 5. Democracia – Bolívia. 6. Partidos socialistas – Bolívia. II.Título.

                                               CDD 333.320984
                                                          984
Catalogação na Publicação: Eliane M. S. Jovanovich CRB 9/1250

Todos os direitos reservados.
Nenhuma parte deste livro pode ser utilizada ou reproduzida sem a autorização da editora.

1ª edição: abril de 2019

EDITORA EXPRESSÃO POPULAR
Rua Abolição, 201 – Bela Vista
CEP 01319-010 – São Paulo – SP
Tel: (11) 3112-0941 / 3105-9500
livraria@expressaopopular.com.br
www.facebook.com/ed.expressaopopular
www.expressaopopular.com.br

SUMÁRIO

Apresentação à edição brasileira 7

RUMO A UM NOVO HORIZONTE DE ÉPOCA

Do republicanismo proprietário ao republicanismo comunitário 17

As fases do processo revolucionário 21
    Primeira fase: o desvelar da crise de Estado 21
    Segunda fase: o empate catastrófico 22
    Terceira fase: a capacidade de mobilização transformada
    em presença estatal governamental 23
    Quarta fase: o ponto de bifurcação
    ou momento jacobino da revolução 25
    Quinta fase do processo revolucionário:
    a emergência das contradições criativas 28

AS TENSÕES CRIATIVAS DA QUINTA FASE

Primeira tensão: relação entre Estado e movimentos sociais 35

Segunda tensão: flexibilidade hegemônica diante
da firmeza No núcleo social 43

Terceira tensão: interesses gerais frente aos
interesses particulares e privados 45

Quarta tensão: o socialismo comunitário do bem-viver 61

As tensões secundárias criativas como forças produtivas
do Processo de Transformação 69

APRESENTAÇÃO À EDIÇÃO BRASILEIRA

Este livro de Álvaro García Linera é resultado das reflexões e avaliações deste intelectual e político marxista sobre o processo de transformação em curso na Bolívia que se iniciou em 2000, com as mobilizações populares contra a privatização da água, passando pelo acúmulo de forças destes setores e a conquista da presidência pelo Movimento ao Socialismo (MAS), na figura de Evo Morales, até aquilo que o autor denomina de quinta fase, que consiste em avançar na unidade plurinacional e popular boliviana a partir da relação tensa e criativa entre o Estado e as reivindicações dos movimentos populares.

As contradições que permeiam este processo e as possibilidades de sua superação constituem o fio condutor de suas reflexões; ainda que de forma breve, ele analisa as diferentes fases das lutas de classes na Bolívia desde a guerra da água em 2000, e também os acontecimentos "no calor da hora", ao refletir e avaliar sobre as tensões entre o Estado e os movimentos populares, consideradas por ele como criativas e como o motor da revolução.

O autor distingue cinco diferentes fases desse processo de transformação que caminha de um republicanismo-proprietário para um republicanismo comunitário, sendo as duas primeiras mais caracterizadas pela resistência popular às políticas neoliberais e na busca da construção de uma saída para a crise social que tais políticas perpetuavam e acentuavam na Bolívia.

APRESENTAÇÃO À EDIÇÃO BRASILEIRA

A terceira fase diz respeito à vitória de Evo Morales, como representante dos setores indígenas-camponeses e operário, nas eleições presidenciais de 2006, nas palavras do autor, quando "a capacidade de mobilização se transforma em presença estatal governamental".

Seguindo a dinâmica da luta de classes, a reação das classes historicamente dominantes da Bolívia é rápida e já em 2008, eles tentam um golpe de Estado, com o apoio dos Estados Unidos, para destituir Evo da presidência. A resposta do governo foi imediata e conseguiu mobilizar a força social que o elegeu para conter essa iniciativa e afirmar o processo de transformação em curso. Para García Linera, esse é o "ponto de bifurcação ou o momento jacobino da revolução" no qual o bloco popular – indígena-camponês, operário – se consolida no poder de Estado.

A iniciativa seguinte do governo, após conter a ofensiva golpista, é a convocação de uma Assembleia Constituinte para a redação da nova Constituição, aprovada em janeiro de 2009, que torna a Bolívia um Estado plurinacional, fazendo justiça, assim, às diversas nações indígenas que compõem a maior parte da nação boliviana e que até então eram desconsideradas pelo Estado em suas particularidades de tradição, vistas apenas como força de trabalho barata a ser explorada. Além disso, a Constituição também tinha como pontos centrais da defesa a soberania nacional e autodeterminação, procurando libertar-se da histórica dominação e exploração imperialista dos recursos naturais e do povo boliviano.

A quinta – e atual – fase da revolução é a das tensões criativas entre os movimentos populares, considerados parte do governo, e o aparato estatal para se caminhar na construção de um socialismo comunitário do bem-viver. As reivindicações dos trabalhadores por direitos avançam cada vez mais e

APRESENTAÇÃO À EDIÇÃO BRASILEIRA

pedem resoluções imediatas, o que, no entanto, esbarra por vezes na estrutura colonial do Estado que nunca havia ouvido o bloco popular. Assim, a prioridade do chamado governo dos movimentos sociais é abrir um debate democrático com as organizações para planejar as tomadas de decisão. Além disso, o governo também se propõe a ser não mais apenas um aparelho repressor dos trabalhadores, mas sim um instrumento para garantir os direitos básicos da população. Uma das propostas levantadas pelo governo neste sentido foi a do *Estado integral* como o

> lugar onde o Estado (o centro das decisões) começa a se dissolver em um longo processo na própria sociedade e no qual esta última começa a se apropriar, cada vez mais, dos processos de decisão do Estado [...] constitui a superação dialética dessa tensão entre o Estado (como máquina que concentra decisões) e movimento social (como máquina que desconcentra e democratiza as decisões).

Juntamente com isso, surge a tensão entre os interesses gerais e os interesses particulares no interior do próprio bloco popular. Essa contradição tende a ser aproveitada pelas classes dominantes que procuram incentivar as reivindicações de grupos particulares para colocá-los contra o governo. Aqui, o autor nos traz dois exemplos: o dos dirigentes da Confederação dos Povos Indígenas do Oriente Boliviano (Cidob) que, em 2010, se mobilizaram para exigir que as terras recém-recuperadas pelo Estado passar para depois de recém-recuperadas fossem destinadas apenas aos povos indígenas das terras baixas, os quais eles representavam, mas que constituía minoria da população indígena. Tal manifestação foi insuflada pela mídia burguesa procurando desgastar o governo; o outro caso mencionado é o da paralisação dos trabalhadores da saúde e da educação, dirigidos pela Central Operária Boliviana (COB), reivindicando aumento nos salários que também ganhou ampla cobertura da mídia nacional e internacional, além do apoio de setores das classes dominantes.

Diante disso, a resposta do governo foi abrir o debate democrático com as organizações populares e de procurar demonstrar a tensão entre o particularismo de suas reivindicações em contraposição às medidas mais universais tomadas pelo Estado, como a de destinar terras para a maior parte da população e não apenas a um pequeno grupo, e a de garantir educação e saúde como direitos universais dos povos bolivianos.

Nesse sentido, o desenvolvimento econômico autônomo e soberano do país é fundamental, pois somente através dele seria possível garantir que a renda do Estado fosse dirigida à garantia dos direitos da população. E este é o sentido da construção do socialismo comunitário do bem-viver, que passa por um processo de industrialização e de nacionalização das indústrias de setores estratégicos para o país, além da soberania de seus recursos energéticos. A proposta, segundo o autor, é que

> [...] os processos de industrialização impulsionados pelo Estado Plurinacional, em primeiro lugar, geram um tipo de valor [...] que não se acumula de forma privada nem é gasto no setor privado. [...] o Estado Plurinacional que redistribui a riqueza acumulada entre todos os setores sociais, ao mesmo tempo prioriza o valor de uso e a necessidade acima do valor de troca, ou seja, a satisfação das necessidades acima do lucro e do ganho [...]

Procura-se, assim, construir uma outra forma de desenvolvimento econômico e social que não se baseia na lógica do capital, mas cujas raízes remontam às tradições dos povos originários, mas sobretudo, à primazia do ser humano sobre a mercadoria. Para Linera:

> [...] Nisso consiste o bem-viver: em utilizar a ciência, a tecnologia e a indústria para gerar riqueza, de modo que se possa

construir estradas, postos de saúde, escolas, produzir alimentos, satisfazer as necessidades básicas e crescentes da sociedade.

Este é o desafio do processo de transformação boliviano nos últimos dez anos, muito se avançou de lá para cá e ainda há muito a se avançar. É importante destacar que, hoje, em nosso continente somente a Bolívia e a Venezuela resistem à ofensiva conservadora e neoliberal, juntamente com o México que em 2018 conseguiu eleger um presidente antineoliberal. Tal resistência tem suas raízes na organização popular, na melhora das condições de vida do povo juntamente com a elevação de seu nível de consciência. Certamente que tal processo não está isento de críticas – que devem ser feitas a partir da perspectiva da construção desse processo de transformação –, o que se destaca, no entanto, é a disposição das forças sociais indígenas-camponesas e operárias bolivianas de construir o socialismo comunitário do bem-viver, levando em conta as diversas contradições presentes em seu interior, numa perspectiva de uma sociedade que seja regida pela valorização do ser humano em suas especificidades e não da mercadoria.

Os editores

Passado um ano da primeira gestão do governo do Estado Plurinacional, partimos de uma constatação primordial: hoje, o povo boliviano consolidou sua unidade histórica em torno de um único projeto de Estado, de Economia e de Sociedade.

RUMO A UM NOVO HORIZONTE DE ÉPOCA

DO REPUBLICANISMO PROPRIETÁRIO AO REPUBLICANISMO COMUNITÁRIO

Se pararmos para pensar que, até poucos anos, existia um *apartheid* institucionalizado que segregava as maiorias indígenas dos poderes do Estado republicano desde a sua fundação, ou na turbulência e na instabilidade política e estrutural que a Bolívia viveu durante o período de 2000 a 2005 (cinco presidentes em cinco anos), ou nas mobilizações pela reivindicação de autonomia das quais os segmentos separatistas das velhas elites regionais tentaram se aproveitar; hoje, cada uma dessas históricas divisões sociais foi superada pela consolidação de uma estrutura estatal plurinacional, autônoma, de um governo revolucionário que baseia sua solidez e sua estabilidade na unidade do povo boliviano e de suas organizações sociais indígenas-camponesas, operárias, comunitárias e populares.

Nos últimos cinco anos, começaram a ser demolidos rapidamente os mecanismos "racializados" das decisões estatais que marginalizavam as maiorias indígenas. Derrotou-se o neoliberalismo, recuperando-se o controle social e estatal da riqueza pública, antes alienado em mãos privadas estrangeiras. Também se colocou fim em décadas de humilhante subordinação das decisões governamentais à embaixada estadunidense e aos órgãos financeiros internacionais. Hoje, como nunca na história coletiva da Pátria, indígenas e mestiços compartilhamos as decisões do Estado e temos as mesmas oportunidades na tomada de decisões públicas.

Nestes anos, um tipo de Estado autônomo começou a ser construído, solucionando de maneira democrática uma reivindicação que ameaçava rachar a unidade do país. Em suma, rupturas e reivindicações que, há séculos, os bolivianos enfrentavam e que haviam subordinado o país a poderes externos durante décadas têm sido resolvidas mediante métodos democráticos e revolucionários, tecendo a unidade soberana da sociedade e o vigor do Estado.

Também foram derrotadas as castas políticas, ineptas e corruptas, que administravam um sistema de republicanismo--proprietário que tanto dano causou ao desenvolvimento do nosso país. E, finalmente, triunfamos sobre numerosas conspirações econômicas, políticas e, inclusive, tentativas separatistas da unidade territorial da nossa Pátria.

Assim, as divisões sociais antigas e as mais recentes, que paralisaram a energia vital da sociedade boliviana vêm sendo superadas pelo Processo de Transformação – que, com a plurinacionalidade, a autonomia e a economia plural, está erigindo um novo republicanismo do comum,[1] o republicanismo comunitário, sustentado na ampliação da riqueza coletiva de todos os bolivianos.

---

[1] Em seu livro *Commonwealth* (2009), Negri e Hardt expõem o conceito de republicanismo moderno como "baseado na regra da propriedade e da inviolabilidade dos direitos à propriedade privada, que exclui ou subordina os que não têm propriedade". Como conceito, este já constituiria o "fundamento de cada constituição política moderna". Neste marco, a democracia de uma multidão de pobres seria uma "ameaça objetiva a [essa] república da propriedade", pois ela poderia desenvolver as potencialidades do projeto revolucionário republicano, (a igualdade, liberdade) bloqueadas e tornadas invisíveis por esse conceito hegemônico, ou seja, haveria de se construir uma "política de liberdade, igualdade e democracia da multidão, um republicanismo que não se baseia na propriedade, mas sim no livre acesso de todos aos bens-comuns".

Mas todas essas conquistas e vitórias históricas não teriam sido possíveis sem o movimento ascendente e envolvente da unidade organizada do povo. Hoje, depois de uma década de intensas batalhas, de superação dos abismos estruturais que dividiam o povo boliviano, todos os trabalhadores do campo e da cidade optaram por um único projeto de Estado, economia e sociedade.

Não se vê no horizonte outro modelo alternativo de geração e distribuição de riquezas diferente do que o governo leva adiante hoje: de economia plural com liderança estatal nos setores estratégicos de geração de excedentes. Não existe uma proposta alternativa à plurinacionalidade descolonizadora que consolide uma *única nação estatal*, na qual convivam *múltiplas nações culturais* e povos. Não há outra opção de democratização superior do Estado que não seja a do reconhecimento das múltiplas formas plurais de democracia (direta, representativa, comunitária) e da desconcentração territorial do poder por meio da autonomia.

Estão estabelecidas as raízes e possibilidades históricas de um processo civilizatório que, a longo prazo, tende a diluir o Estado na sociedade, no que foi denominado como a perspectiva socialista e comunitária de um *Estado integral*.

Por isso, de maneira categórica, defendemos que agora o povo está mais unido do que há algumas décadas em torno de um grande projeto de sociedade. Porém, essa unidade do povo e essas conquistas de nossa Revolução Democrática e Cultural não implicam que as tensões, as diferenças internas, as contradições e as lutas tenham desaparecido. Ao contrário, elas continuam existindo e inclusive se intensificam em alguns momentos, mas todas elas se dão no marco de representações, horizontes e expectativas criadas por este tripé societário: Estado plurinacional, regime autônomo e industrialização dos recursos naturais no contexto de uma economia plural. Esse tripé é um *horizonte de época*, e é dentro dele que emergem as lutas, as diferenças, as tensões e as contradições.

Algumas contradições anteriores se desfizeram, outras baixaram o tom dando lugar a novas e ao reforço de antigas que não tinham tanto protagonismo como no momento atual. São contradições e tensões com duas características fundamentais: a primeira é que, diferentemente do que acontecia há alguns anos, não preconizam um novo tipo de sociedade nem propõem um novo horizonte de Estado ou economia, e sim a desaceleração ou radicalização do processo, porém com foco no *horizonte de época/histórico* da plurinacionalidade.

A segunda, como são contradições intrínsecas aos três princípios ordenadores da realidade e das lutas para transformá-la (plurinacionalidade, autonomia e economia plural), são também contradições internas do amplo bloco popular que conduz e sustenta o processo de transformação. Mesmo as forças conservadoras que tentam utilizá-las para revitalizar a sua presença têm que fazê-lo com a linguagem e o norte que o *horizonte de época* dominante delimita.

Dessa forma, em termos do longo ciclo da época revolucionária iniciada no ano 2000, o conteúdo e o movimento dessas contradições são próprios de uma nova *fase do processo revolucionário*: a quinta fase, que analisaremos em detalhes, claramente diferenciada das contradições e lutas que caracterizam as fases anteriores.

AS FASES DO PROCESSO REVOLUCIONÁRIO

Primeira fase: o desvelar da crise de Estado

A primeira fase dessa época revolucionária se iniciou com a "guerra da água". Embora seja verdade que, anos antes, houve numerosos esforços de acumulação de forças de diferentes setores, a sublevação de abril de 2000 marcou uma ruptura com todo o consenso passivo que o neoliberalismo construiu em 15 anos. Apesar de irrefreável até então, deteve-se o processo de privatização dos recursos públicos, nesse caso não estatais: a água. Como nunca tinha acontecido antes, se articulou regionalmente nessa mobilização um grande bloco social-popular urbano e rural em torno do movimento camponês-indígena (cultivadores e produtores da folha de coca), que se converteria no precedente dessa mesma articulação, agora em âmbito nacional, de todos os setores populares em prol da candidatura do Movimento ao Socialismo (MAS), nos anos 2005 e 2009. Mas, talvez o mais importante para a continuidade desse despertar tenha sido perceber que o regime neoliberal era fraco, que podia ser derrotado, o que rapidamente deu lugar a um estado de ânimo popular desobediente às ideias-força emanadas do poder e uma predisposição material da plebe a buscar sua unificação e a se mobilizar de maneira expansiva.

Denominamos essa *primeira fase* do ciclo revolucionário como "o desvelar da crise de Estado", porque os pilares da dominação estatal (institucionalidade, ideias-força de legitimação, e correlação de forças entre governantes e governados) começaram a desmoronar de forma irreversível. É o momento de desvendamento das contradições *de longa duração* acumuladas durante séculos (Estado monocultural *versus* sociedade plurinacional e Estado centralista enfrentando o desejo descentralizador da sociedade) e das contradições *de curta duração* (nacionalização das riquezas naturais *versus* privatização, e monopolização da política *versus* democratização social).

As sublevações de setembro-outubro de 2000, quando se produziu o maior bloqueio nacional de estradas da nossa história (23 dias), e as crescentes unificações sociais dos setores populares em torno de um conjunto preciso de novas ideias-força mobilizadoras que emergiam da própria mobilização social (assembleia constituinte e nacionalização dos hidrocarbonetos) polarizaram territorialmente o cenário das classes sociais no país. O bloco dominante mantinha o poder, mas à frente havia duas linhas internas e externas nas quais as classes subalternas das cidades e do campo começavam a disputar o controle territorial, ideológico e simbólico da sociedade. As ideias-força do neoliberalismo, que atraíram passivamente as classes populares, começaram a desmoronar rapidamente, enquanto outros ideais cresciam no imaginário coletivo. Quando isso deu lugar à construção de um bloco social com capacidade de mobilização territorial e com vontade de poder, isto é, com vontade material de disputar palmo a palmo o controle e a direção da sociedade, entramos na *segunda fase* da onda revolucionária, a do *"empate catastrófico"*.

Segunda fase: o empate catastrófico

A questão não era simplesmente que os de cima não podiam continuar governando como antes, nem que os de baixo não queriam mais ser governados como antes. O que ocorreu foi que os de baixo queriam governar a si mesmos, como nunca antes havia acontecido, e essa única determinação paralisou-se a ordem estatal de dominação: dois blocos de poder com dois projetos de poder, com duas capacidades de presença territorial e com lideranças antagônicas que disputavam a ordem estatal, paralisando, até certo ponto, a reprodução da dominação.

Existia um empate entre ambos os projetos de sociedade e ademais era catastrófico, justamente por não resolver a unidade que conduziria ao poder. Essa segunda fase perdurou de 2003 a 2008, e as contradições que se fizeram presentes enfrentavam, de forma antagônica e irreversível, dois projetos de sociedade, de Estado e de economia, portadores de duas vontades de poder irreconciliáveis.

Terceira fase: a capacidade de mobilização transformada em presença estatal governamental

A *terceira fase* da época revolucionária veio sobreposta à segunda e surgiu com a sublevação política democrática das eleições que levaram ao cargo mais alto o primeiro presidente indígena e camponês da nossa história.

Um atavismo colonial organizava as razões vivenciais do mundo para as classes ricas e, para as classes subalternas: os índios estavam destinados a ser camponeses, carregadores, serventes, pedreiros e talvez operários, e fora disso o universo estava vazio, não havia margem para outro caminho de realização social. Da mesma forma, as elites mestiças e endinheiradas tinham sido educadas para mandar, dirigir e governar com uma naturalidade como a que prevê que o sol nascerá a cada 24 horas no horizonte. Acontece que essa ordem simbólica do universo caiu por terra de um dia para o outro ou, pior ainda, se inverteu e os dominados, filhos dos *mitayos*, contrariando toda a ordem e o rigor das coisas que perduraram por 500 anos, levaram um dos seus – um índio, camponês, trabalhador e aymara – à presidência da República. Para a história racializada do país, foi como se o céu tivesse desabado, como se os ferrenhos desprezos de inferiorização hierarquizada com os quais a sociedade colonial ordenou o mundo a partir das cores da pele e sobrenomes se diluíssem diante da insolência de um camponês entrando no Palácio do Governo.

Esse único fato já é, de longe, aos olhos dos ricos, ato mais radical e imperdoável que a plebe conseguira fazer durante toda a sua história. E aconteceu. Os subalternos deixaram de sê-lo, se fizeram em *comum*, presidentes, governantes, diante do horror dos olhares coloniais daquelas estirpes que haviam concebido o poder como um prolongamento inorgânico do seu sangue.

Essa insurreição da ordem simbólica da sociedade que trouxe a *perda do governo*, mas ainda não do poder, por parte das classes dominantes, constituiu a *terceira fase* do processo revolucionário, que se iniciou no dia 22 de janeiro de 2006 e que traria à luz, precisamente, a contradição antagônica que existia entre o governo controlado pelas classes populares e o poder de Estado ainda nas mãos das classes dominantes e de seus aliados estrangeiros. Foi um deslocamento do antagonismo dos dois projetos de sociedade para o *interior do mesmo Estado* e *das classes sociais no Estado,* e aí está a novidade da contradição antagônica.

Referimo-nos claramente a uma conjuntura política de Estado, dividido entre o governo controlado pelos insurgentes e o poder de Estado (lógica e mando institucional), controlado pelas classes economicamente dominantes. De certa forma, é também uma radicalização da segunda fase do *empate catastrófico*, mas o deslocamento territorial e classista desse "empate", que se inscreve na própria institucionalidade dinâmica do Estado, deve ser tratado como uma fase específica.

Quarta fase: *o ponto de bifurcação*
ou momento jacobino da revolução

A *quarta fase* da época revolucionária é a que nós chamamos, em outros artigos, de *ponto de bifurcação*, e que, em um sentido mais poético, poderia ser denominada também como *momento jacobino da revolução*.

Trata-se do momento em que os blocos antagônicos, os projetos irreconciliáveis da sociedade que abarcam territorialmente a sociedade e o Estado, devem dirimir sua existência de maneira aberta, transparente, por meio da medição de forças, do confronto (o último recurso que resolve as lutas, quando já não existe outra saída).

Isso foi o que aconteceu entre agosto e outubro de 2008.

Depois da tentativa fracassada de derrubar o presidente Evo,[1] a oposição de direita neoliberal da "Meia Lua", que tinha presença territorial não somente em Santa Cruz, Beni, Pando e Tarija, mas também em La Paz, Cochabamba e Sucre –, optou pelo golpe de Estado. Desde o começo de setembro, começaram a assumir o controle real das cidades, impedindo a chegada das autoridades nacionais por meio do controle de aeroportos e invalidando os comandos policiais. E, a partir de 9 de setembro, lançaram-se à ocupação e à destruição violenta de várias instituições de Estado sob o comando nacional. Em dois dias, mais de 72 instalações do go-

---

[1] No dia 10 de agosto de 2008, foi realizado um referendo revogatório que decidiu sobre a permanência do presidente Evo Morales, do vice-presidente e dos prefeitos de oito cidades. O presidente foi ratificado em seu cargo com 67% de votos a favor. Também foram ratificados os prefeitos de Oruro, Potosí, Tarija, Santa Cruz, Pando e Beni; já os de La Paz e Cochabamba foram revogados.

verno acabaram queimadas, incluindo um canal de televisão, a rádio estatal, escritórios da empresa de telecomunicações, do Serviço de Impostos Interno e do Instituto Nacional de Reforma Agrária (Inra). Tropas de choque armadas se deslocaram para controlar ou destruir, como no caso do gasoduto de Tarija que vai para o Brasil, as redes de distribuição de combustíveis. Para coroar o golpe e com o intuito de punir qualquer tentativa de resistência popular, assassinaram uma dezena de dirigentes camponeses na localidade de Porvenir, do departamento de Pando.

O governo, que havia previsto, já há algum tempo, que algum tipo de ação golpista poderia acontecer por parte da direita, esperou que os golpistas mostrassem as iniciativas que os deslegitimaram diante do povo e do mundo como fascistas, racistas e antidemocráticos. A primeira morte foi respondida com rapidez, contundência e força massiva. Pando, o elo mais débil da corrente do golpe, foi tomada militarmente e de pronto iniciou-se um plano de mobilização nacional e geral de todo o povo, com o apoio das Forças Armadas, contra os bastiões golpistas.

De todas as partes do país, das comunidades, *ayllus*,[2] minas, fábricas e bairros, deu-se início a uma estrutura de mobilização social para defender a democracia e a revolução.

A violência dos golpistas horrorizou o país inteiro. O presidente, ao ordenar a expulsão do embaixador estadunidense,[3]

---

[2] São comunidades indígenas do altiplano boliviano. Ayllu é uma forma de comunidade, construída sob o valor do trabalho, da cooperação, coletividade e distribuição de riquezas. [N.E]

[3] No dia 10 de setembro de 2008, o presidente Evo Morales declarou publicamente o embaixador dos Estados Unidos, Philip Goldberg, como *persona non grata* e ordenou ao chanceler David Choquehuanca que realizasse as diligências diplomáticas para sua saída do país. Ao saber disso, e antes de o conflito estourar, os golpistas preferiram retroceder e se render. Esse foi o ponto de

os deixou sem estratégia e sem ponte internacional. Os setores que os apoiavam, assustados, começaram a abandonar seus líderes, e, ao mesmo tempo, a comunidade internacional os deixou isolados ao condenar o golpe. Diante da iminente convergência de múltiplas forças sociais, populares e das Forças Armadas, os dirigentes golpistas tiveram que capitular.

Tratou-se, realmente, de um ato de força, de uma guerra social pontual, na qual os "regimentos" dos blocos de poder em luta se mediram cara a cara para enfrentar o combate. Nesse momento já não importava o discurso, e sim o potencial da força e a partir desta avaliação e antes da conflagração, os golpistas preferiram retroceder e se render. Esse foi o *ponto de bifurcação*, o encontro de forças que, sobre o cenário do combate social, decidiram o controle do poder do Estado.

Nessa *quarta fase*, as contradições chegaram a seu epítome real, à sua origem e ponto de chegada obrigatório como matéria estatal: ao choque de forças materiais. A força é o Estado na sua condição de organização desolada e arcaica, em "última instância", por assim dizer e, nessa fase, a contradição antagônica pelo controle do poder estatal terá de se realizar e ser solucionada com base na força até ali conquistada, acumulada, convencida, porém tornada apenas força e nada mais.

Fruto dessa luta aberta de forças, ou o poder era retomado pelas antigas classes dominantes, ou era assumido pelo novo bloco de poder emergente. Não existia meio-termo nem possibilidade de maior dualidade de poderes; era o momento da consagração do poder único. Por isso, *ponto de bifurcação*.

---

bifurcação: o encontro de duas forças que, no cenário do combate social, decidiu o controle de poder do Estado.

A modificação consensual da Constituição feita pelo congresso, em outubro de 2008, deu continuidade política a essa vitória militar e com o desbaratamento da tentativa contrarrevolucionária de separatismo armado, organizado pelo grupo La Torre e seus mercenários contratados na Europa, o bloco nacional-popular consolidou-se no poder com a vitória eleitoral do presidente Evo Morales nas eleições de 2009.[4]

**Quinta fase do processo revolucionário:
a emergência das contradições criativas**

Essa vitória encerra a quarta fase ou etapa da época revolucionária e dá início à *quinta*, que se caracterizará não pela presença das contradições entre blocos de poder antagônicos ou entre os projetos sociais irreconciliáveis, como acontecia até então, mas será marcada pela presença de contradições dentro do bloco nacional-popular, ou seja, pelas tensões entre os próprios setores que protagonizaram o Processo de Transformação sobre como levá-lo adiante. Trata-se, portanto, de contradições não apenas secundárias, mas *criativas*, pois têm a potencialidade de ajudar a motorizar o curso da própria revolução. Quando isso se dá, essas tensões se tornam as *forças produtivas objetivas e subjetivas* da revolução.

Em toda revolução existem tensões e contradições de dois tipos: em primeiro lugar, estão as fundamentais e antagônicas, que dividem estruturalmente as sociedades, e, em segundo lugar, as de caráter secundário (aquelas que o presidente chinês Mao Zedong chamava de contradições no seio do povo) que podem ser superadas mediante métodos democráticos e revolucionários.

---

[4] Em dezembro desse ano, depois de uma nova eleição geral, o presidente Evo Morales obteve 64% dos votos, 10% a mais do que havia obtido quatro anos antes.

SOCIEDADE — CONTRADIÇÕES ANTAGÔNICAS

SOCIEDADE — CONTRADIÇÕES CRIATIVAS / SECUNDÁRIAS

Ao longo da vida dos povos e dos Estados, as contradições foram, são e serão as forças produtivas da transformação, as *forças produtivas* das mudanças, as *forças produtivas da revolução* e o motor da história das sociedades. Nas contradições e nas tensões se revelam os problemas que afligem uma coletividade, e também é nelas que se tornam visíveis as diferentes propostas e soluções para os problemas; e nos próprios conflitos, manifestados por essas contradições, a sociedade articula projetos, alianças e meios para solucioná-los de maneira parcial ou total. Tensões e contradições são, portanto, os mecanismos por meio dos quais conquistam-se as transformações, e se impulsiona o avanço de uma sociedade, como parte indissolúvel do curso democrático e revolucionário dos povos.

Na Bolívia existiram, existem e existirão diferentes tipos de contradições: fundamentais, principais, secundárias, antagônicas e não antagônicas. Um exemplo de contradição fundamental e antagônica foi a que o povo boliviano enfrentou abertamente, entre os anos 2000 e 2009, contra seus inimigos: o império em aliança com os latifundiários e os setores da burguesia intermediária, aferrados a um neoliberalismo e a um colonialismo depredador. Foi um tipo de contradição que teve de ser resolvida a favor do povo por meio de métodos revolucionários.

Nesse mesmo período (2000-2009), surgiram contradições secundárias que foram resolvidas e superadas com métodos democráticos de persuasão, diálogo, articulação e unificação de critérios. Essas tensões foram enfrentadas no campo e na cidade, entre os trabalhadores e o empresariado patriota boliviano, entre indígenas e não indígenas. Eram contradições secundárias no interior do povo que puderam ser resolvidas com a construção de alianças e acordos sociais com relação à nacionalização dos hidrocarbonetos, à ampliação dos direitos coletivos e à igualdade de oportunidades que garantiram a unidade do nosso país para derrotar os principais adversários.

Hoje, em 2011, há um ano da instauração da construção do Estado Plurinacional, também nos encontramos diante de contradições fundamentais, principais e secundárias. A contradição antagônica fundamental continua sendo a unidade do povo boliviano enfrentando o imperialismo que resiste em reconhecer nossa soberania e capacidade de autodeterminação na construção do nosso destino.

As contradições principais se mostram na luta do povo boliviano contra os resíduos fragmentados do neoliberalismo, do *gamonalismo*[5] regional, da direita midiatizada e do colonialismo, que se opõem ao Estado Plurinacional, à autonomia e à industrialização.

Mas também surgem nesta nova etapa da Revolução Democrática e Cultural – e se fazem necessárias – tensões secundárias e não antagônicas no interior do bloco popular revolucionário, no seio do próprio povo. Uma delas tem a ver com o debate frutífero, democrático e criativo sobre a velocidade e a profundidade do Processo de Transformação. Há, por

---

[5] Também conhecido como caciquismo, uma dominação exercida por grandes proprietários de terra, com base em seu poder econômico, sem necessariamente ter um mandato para tal. [N.E]

exemplo, alguns setores sociais que pedem um maior aprofundamento da revolução mediante a nacionalização de parte da mineração privada, enquanto outros setores de trabalhadores mineiros consideram que isso não é necessário.

Essas tensões e contradições secundárias, com as quais temos de conviver, são parte da dialética do avanço do nosso processo revolucionário e o alimentam porque são a fonte fundamental do desenvolvimento, do debate no interior do povo e da transformação social.

Deteremo-nos na análise de quatro delas, para entender como a vitalidade e a fortaleza do Processo de Transformação para o futuro estão em seu interior, pois são tensões dialéticas e não contraditórias, que impulsionam o debate coletivo sobre o avanço da Revolução Democrática Cultural.

AS TENSÕES CRIATIVAS DA QUINTA FASE

PRIMEIRA TENSÃO: RELAÇÃO ENTRE ESTADO E MOVIMENTOS SOCIAIS

A primeira dessas tensões criativas, que está sendo resolvida por meio de um debate democrático, refere-se à relação entre Estado e movimento social. O Estado é, por definição, a concentração de decisões, o monopólio sobre a coerção, a administração do público-estatal e as ideias-força que articulam uma sociedade. Por outro lado, o movimento social e as organizações sociais são, por definição, a democratização das decisões, a ampla e contínua socialização de deliberações e decisões sobre assuntos comuns. *O governo de movimentos sociais* é, portanto, uma tensão criativa, dialética, produtiva e necessária entre a concentração e a descentralização de decisões. Como governo, nos exigem a concentração rápida e oportuna na tomada de decisões. O povo espera ações executivas imediatas que deem respostas concretas às suas necessidades materiais. Mas, ao mesmo tempo, como organizações sociais indígenas-camponesas, operárias e populares no governo, há uma dinâmica orgânica que exige debate, deliberação, reconsideração de temas e propostas e uma ampliação de participantes nas tomadas de decisões. Portanto, o governo do presidente Evo, por ser um *governo de movimentos sociais*, vive e tem que viver, continuamente, essa tensão criativa entre a concentração e a descentralização de decisões, entre a monopolização e a socialização de ações executivas, entre o tempo curto para obter resultados e o tempo longo das deliberações sociais.

Como resolver essa tensão criativa da revolução que estamos vivendo e desenvolvendo? No ano passado, propusemos o conceito de *Estado integral* como o lugar onde o Estado (o centro das decisões) começa a se dissolver em um longo processo na própria sociedade e no qual esta última começa a se apropriar, cada vez mais, dos processos de decisão do Estado. A isso denominamos *Estado integral* e não restam dúvidas de que constitui a superação dialética dessa tensão entre o Estado (como máquina que concentra decisões) e movimento social (como máquina que desconcentra e democratiza as decisões). Trata-se, certamente, de um processo que não pode ser resolvido em curto prazo e que exigirá um longo processo histórico de avanços e retrocessos, de desequilíbrios, que parecem inclinar a balança a favor de um ou de outro polo, colocando em risco ora a eficácia do governo, ora a democratização das decisões. Na verdade, nada está previamente garantido e o que resta no futuro é viver essa contradição e desdobrá-la em todas as suas variantes e possibilidades. A luta, e só a luta, poderá manter viva a contradição durante décadas ou séculos para que, em um dado momento, essa dissolução do Estado na sociedade afinal possa ser realizada como uma resolução histórica dessa contradição.

Um segundo momento dessa tensão entre Estado e movimento social, que de fato é mais importante que o anterior, é o que se dá entre a expansão material do Estado social e a função estatal das comunidades e dos sindicatos agrários.

Essa tensão tem sido mencionada, pelo presidente Evo, reiteradas vezes em suas reuniões com os sindicatos. Ele relembra como, antes, o sindicato era a instituição social encarregada não apenas de defender os afiliados diante das ameaças agressivas do Estado: repressão, cobranças de dívidas etc., como, além disso, o sindicato-ayllu era o encarregado de proteger socialmente o afiliado, organizando o trabalho comunitário para construir escolas, abrir estradas, socorrer as vítimas em caso de calamidades e, inclusive, resolver questões de propriedade de terra ou assuntos familiares.

O velho Estado colonial somente existia para o movimento camponês como algo externo e agressivo do qual não se recebia nem se esperava nada, ao contrário era preciso andar atento e se proteger das agressões políticas e econômicas. De fato, o colonialismo pode ser definido como um estado permanente de guerra entre Estado e sindicato-ayllu, com tréguas prolongadas ou períodos de não agressão. Essa guerra suspensa foi denominada, erroneamente, de "pacto de reciprocidade" entre o Estado e a comunidade, devido à tolerância entre ambos, em troca do respeito a acesso a um pouco de terra, por parte do ayllu, e à dominação, por parte do Estado.

Seria reciprocidade se ambos os sujeitos sociais entregassem algo "em troca", mesmo que de outra natureza, mas aqui se tratava de tréguas entre um e outro; o Estado quearrebata o que não possui – terra, trabalho e pessoas – e o ayllu que somente contempla, num espaço territorial cada vez menor, a depredação dos seus territórios, da sua riqueza e do seu povo.

Tanto nos períodos coloniais como nos republicanos, o Estado não lhes deu nada, nem ao sindicato nem ao ayllu, e quem se constituiu como instituição encarregada de proteger social e politicamente os membros da comunidade foi o próprio sindicato-ayllu. O sindicato, como autêntico poder territorial, outorgava proteção social, regulamentação de propriedades, justiça, sentido de pertença e identidade. A essa função protetiva e socializadora é que o presidente Evo denominou de sindicato-Estado, porque era o sindicato quem objetivamente se constituía como poder social, político, territorial e cultural.

Entretanto, a luta do sindicato pela descolonização do Estado, agora encabeçada pelas organizações sociais a partir do governo, significou precisamente pôr fim a essa guerra entre sindicato e Estado, apropriando-se modificando a estrutura social, bem como as funções e a composição interna do Estado. Trata-se de uma demanda pela democratização radical do Estado a fim de torná-lo uma máquina de proteção social, de ampliação de direitos e de unificação participativa da sociedade, como deve ser um Estado democrático e social. Referimo-nos à apropriação do Estado por parte do sindicato-ayllu no que diz respeito às funções organizativas e de gestão, ou seja, à socialização e à comunitarização crescentes do poder como parte de uma profunda revolução política da sociedade, ainda que, ao fazê-lo, ao mudar o conteúdo social do Estado, ao construir a sua função social-protetiva como iniciativa e programa revolucionário dos sindicatos indígenas-camponeses, paradoxalmente, se está perdendo o poder territorial do próprio sindicato, que começa a deixar de lado funções protetoras (saúde, educação, estradas, comunicação, apoio nas emergências e coesão interna), que passam a ser executadas pelo Estado.

Assim, as lutas pela descolonização e apropriação do Estado por parte do sindicato-ayllu estão levando à redução do seu próprio poder como micro-Estado. Dessa maneira, atualmente, em cada lugar do país, o sindicato já não se organiza para construir uma escola, um posto de saúde, abrir uma estrada para os habitantes, para levantar uma ponte entre as localidades ou para ajudar aos desamparados. Não. Agora, solicita-se a escola, o posto de saúde, a estrada, a ponte e o amparo diante das emergências ao município, ao governo estadual, ao governo federal. E não importa o lugar de residência; a apropriação do Estado por parte das organizações sociais criou a consciência prática dos direitos e de proteção social, deixando claro que recai sobre o Estado e suas instituições o cumprimento dos direitos coletivos, em detrimento da função estatal-local do sindicato-ayllu.

Acontece que a apropriação do Estado por parte do sindicato é também uma apropriação do sindicato por parte do Estado, o que pode debilitar o próprio sindicato-ayllu e o seu poder de gestão e coesão.

Portanto, a construção de um *Estado integral*, entendido como expansão democratizada das funções sociais do Estado, reivindicada pela própria sociedade organizada, que anteriormente era excluída dessas funções, implica o risco de debilitar a própria estrutura dos trabalhadores, criada de forma autônoma para administrar as necessidades e a proteção social. Mas, se as organizações sindicais não avançam nessa ocupação-extensão do Estado social, ele volta à sua situação de aparência, de agrupamento colonial que beneficia a poucos, e os sindicatos retornam também à sua função de estruturas locais, corporativas, fragmentadas e sem sentido de universalidade e de comunidade universal.

Atualmente, e certamente por muitas décadas – ou até que a humanidade invente outras estruturas e os seres humanos consigam criar e mantê-las, que administrem o universal, o geral e o comunitário-universal –, será por meio do Estado e de suas funções de gestão socializada, que os povos poderão expandir territorialmente a comunitarização do uso do *bem comum* e a universalização da satisfação das necessidades humanas.

Os sindicatos e a sociedade precisam se expandir, se apropriar e democratizar as funções de gestão e proteção do Estado e a nova consciência social que exige isso do Estado é uma prova desse avanço. Se esse avanço for detido, a revolução, como obra coletiva, se detém e os sindicatos voltam às suas funções locais, deixando nas mãos da burocracia a administração do universal e, a curto prazo, dando início à restauração do velho Estado colonial "aparente". De fato, as críticas ao governo quanto à falta de "eficiência" e de "capacidade", com as quais os partidos de direita e intelectuais conservadores o atacam, conformam uma nova linguagem racializada pelas quais as velhas elites restauracionistas procuram desqualificar indígenas, trabalhadores e camponeses que, com muito custo e muitos altos e baixos, aprenderam a gestão do bem comum, do público.

Mas, então, como avançar na democratização expansiva do Estado social a cargo dos sindicatos-*ayllus* sem debilitar as estruturas sindicais e comunitárias autônomas da sociedade? Trata-se de uma tensão necessária e criativa do processo revolucionário. Parar é retroceder na transformação. Avançar é assumir riscos de enfraquecimento da autonomia social. Diante disso, o que resta é seguir em frente, revolucionar as condições da própria revolução, assumir os riscos, reconhecendo-os sempre e trabalhando para superá-los.

Pela experiência desenvolvida até o momento nestes anos por algumas organizações, é possível expandir a presença do Estado social como protetor dos direitos (saúde, educação, transporte, saneamento básico, proteção em caso de desastres, acesso à tecnologia etc.) enquanto o sindicato-ayllu mantém, reforça e expande sua ação autônoma e comunitária no âmbito da produção de riqueza, para a criação de um novo modo de produção material da riqueza, cada vez mais associativo, mais comunitário e mais social. É aí, na produção, que a fortaleza comunitária tem uma capacidade herdada (controle comunitário da água, acesso à terra, pastos comunais, rotação de cultivos, formas de circulação da força de trabalho) que pode ser o ponto de partida de uma intensificação dentro do próprio processo de produção local (familiar/comunal) e na articulação produtiva com outras comunidades.

É na criação de um novo modo de produção material, crescentemente socializado e expansivamente comunitarizado, que se decide o destino pós-capitalista da sociedade e do mundo, e é aí onde se poderia começar a concentrar as potências, as energias autônomas comunitárias dos sindicatos e dos *ayllus*. Assim, o poder político dos movimentos sociais também poderia vir a ser um poder econômico direto, sem mediação estatal, sobre o qual poderia haver, com o tempo, novos ascensos revolucionários que empurrem a autodeterminação da sociedade a graus mais elevados.

Como se pode ver, é nessa tensão, nessa contradição criativa no próprio seio da ação coletiva da sociedade organizada que se coloca em questão o avanço da revolução e a iminência de seu retrocesso. Porém, não existe outra forma de avançar que não seja confrontar as tensões e as contradições como *forças produtivas da própria revolução*. Não querer dar o salto, com o único objetivo de não assumir riscos nem gerar contradições, já é um retrocesso. As revoluções somente existem se avançam, se lutam, se arriscam, se saltam por cima do vazio sem a certeza de que do outro lado existe terra firme. Não fazer isso implica deixar de ser revolução.

SEGUNDA TENSÃO: FLEXIBILIDADE HEGEMÔNICA DIANTE DA FIRMEZA NO NÚCLEO SOCIAL

Uma segunda tensão criativa é a que se dá entre a amplitude social do processo revolucionário (a incorporação crescente de muitos setores) e a necessidade de garantir a direção indígena, camponesa, operária e popular desse processo. É uma contradição que pode ser vista, por exemplo, entre trabalhadores, operários, assalariados e o setor empresarial. A forma de resolução é a ampliação, a abertura e a conversão do significado de povo para todas e todos os bolivianos, sem exceção, que apostam na descolonização, no Estado Plurinacional, na igualdade entre os povos, na autonomia democrática das decisões, no comunitarismo e na industrialização da economia plural, enfim, que apostam no *bem-viver*.

Porém, assim como temos que apostar numa grande amplitude social que incorpore os vastos setores – inclusive de caráter empresarial, vinculados e de profunda convicção patriótica – é imprescindível reforçar e garantir o núcleo duro da revolução: os pobres, os humildes, os camponeses, os indígenas, os operários e as comunidades, que, sem dúvida alguma, são, nos bons e nos maus momentos, o núcleo, a fortaleza e a garantia de condução precisa e justa de nosso processo revolucionário.

A hegemonia do bloco nacional-revolucionário não só exige a coesão das classes trabalhadoras indígenas, operárias e populares como também a irradiação da liderança histórica, material, pedagógica e moral sobre as outras classes sociais, que abarquem a imensa maioria da população boliviana. Sempre haverá um segmento contrário a qualquer liderança indígena e popular, e que vai atuar como uma corrente de transmissão de poderes externos. Mas a contínua consolidação da liderança plebeia requer que as outras classes sociais, enquanto são reeducadas nos interesses coletivos como uma unidade suprema do país, considerem que a sua própria situação pessoal será mais bem conduzida sob o comando nacional das classes trabalhadoras.

Essa amplitude de acordos, de articulações sociais, coloca os setores populares dirigentes diante do desafio de ter que incorporar parte das necessidades de blocos sociais diferentes, e isso emerge como uma contradição, em princípio, secundária, mas com a potencialidade de se tornar uma contradição fundamental caso não se saiba controlar a tensão, o que debilitaria a própria direção indígena-popular do processo revolucionário.

Portanto, a necessidade de amplitude social para consolidar a hegemonia histórica implica, ao mesmo tempo, o risco de debilitar a hegemonia histórica por ampliar demasiadamente a estrutura dos interesses coletivos que conduzem o processo.

Não existe uma receita ou um modelo para sair dessa contradição própria da construção das hegemonias. Somente o debate, as tensões e as retificações contínuas entre a firmeza de liderança do núcleo social revolucionário e a amplitude hegemônica podem desencadear essa contradição necessária e canalizá-la como força impulsionadora da dinâmica revolucionária.

TERCEIRA TENSÃO: INTERESSES GERAIS FRENTE AOS INTERESSES PARTICULARES E PRIVADOS

Uma terceira tensão criativa do Processo de Transformação que se manifestou com maior intensidade, há um ano, é a que se dá entre o interesse geral de toda a sociedade e o interesse particular de um segmento individual; entre as demandas para satisfazer as necessidades de todo o povo, mesmo que seja como resolução de uma demanda individual e as mobilizações que buscam satisfazer as necessidades de um grupo particular, um setor ou um indivíduo. Contradição entre o geral e o particular, entre a luta comum, comunitária, comunista, e o interesse individual, setorial, particular e privado.

O longo ciclo de mobilizações sociais, que se iniciou no ano 2000 com a Guerra da Água, começou como uma mobilização regional, que desde o princípio envolveu não somente toda a região, mas todo o país, com relação à recusa da privatização da água. Privatizar a empresa municipal afetava tanto a irrigação para os camponeses quanto para os usuários da cidade de Cochabamba, o que se tornou a base material para a unificação universal das classes sociais populares e média do departamento[1]. Na medida em que se resistia a uma política de caráter nacional, como eram as privatizações, imediatamente essa resistência se converteu na

---

[1] Na divisão territorial da Bolívia, os departamentos seriam correspondentes aos estados brasileiros.

referência de mobilização geral do povo contra o regime político e o modelo econômico privatista.

Posteriormente, a guerra pelo gás, a reivindicação da uma Assembleia Constituinte e a construção de uma democracia plurinacional foram as reivindicações setorialmente geradas por indígenas, pela comunidade e pelos operários mas que continham, cada uma, a nação inteira, além de todo um bloco social de oprimidos e dominados das classes subalternas que, na realidade, constituía a maioria da população. Isso permitiu construir um programa de tomada de poder a partir de um projeto de reivindicações universais capaz de mobilizar e unificar de forma crescente a maioria do povo boliviano. A vitória eleitoral do MAS,[2] no ano de 2005, deveu-se à sua capacidade de levantar, como vontade de poder viável, esse projeto universalista de poder popular e foi o que consolidou programaticamente o governo do presidente Evo Morales como o *Governo dos movimentos sociais*.

Depois da vitória, levou-se adiante esse programa construído nas barricadas, nos bloqueios das estradas, nas marchas e nas insurreições populares dos anos anteriores. A Assembleia Constituinte foi a primeira medida de alcance geral que impulsionou, defendeu, consagrou e permitiu, pela primeira vez na história, que a Constituição Política do Estado fosse redigida pelos representantes diretos de todos os setores sociais do país. A nacionalização das empresas (YPFB, Entel, Ende, Huanuni, Vinto) materializou outras das demandas universais dos trabalhadores bolivianos, a redistribuição de uma parte do excedente econômico (*Renta Dignidad, Bono Juancito Pinto, Bono Juana Azurduy*) e seu redirecionamento aos setores antes excluídos: créditos produtivos com juros reduzidos no âmbito urbano e rural, transferências diretas aos mais necessitados, triplicação dos

---

[2] Movimento ao Socialismo: partido político boliviano.

rendimentos de governos departamentais e prefeituras, política de maior integração entre as estradas, aumentos salariais, mais atenção aos setores de saúde e educação etc. Todas essas medidas tornaram o uso do orçamento do Estado, antes monopolizado para benefício particular de algumas pequenas elites empresariais, em força e poder econômico para o povo em geral.

Se visualizarmos o ciclo da mobilização social como uma curva ascendente, que se estabiliza e depois volta a declinar gradualmente, podemos destacar que essa primeira etapa ou fase ascendente desta "curva de mobilização" se caracterizou pela crescente articulação dos setores sociais, pela construção de um programa geral de mobilização e pelo surgimento de uma vontade organizada (e prática) de poder das classes menos subalternas. É nessa fase ascendente que se torna visível a crise de Estado, que se amplia como *"empate catastrófico"*, isto é, de antagonismo entre os dois projetos históricos da sociedade e Estado, duas vontades de poder social e dois blocos de forças de mobilização territorializadas. Inclusive, a vitória eleitoral, que derrotou o preconceito coletivo ultrapassado de que os indígenas não teriam capacidade para governar pertence a esse momento de rebelião ascendente da sociedade. Essa é a fase heroica do processo revolucionário.

CICLO DE MOBILIZAÇÃO SOCIAL

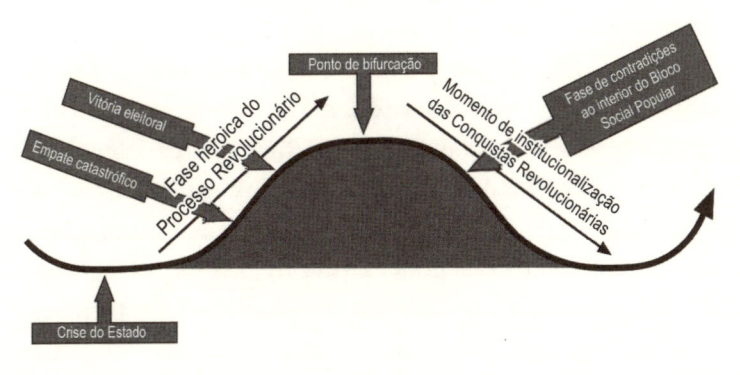

A estabilização da mobilização, o pico da curva, é o momento de implementação dos primeiros objetivos gerais e universais da mobilização coletiva, e também das resistências mais agressivas, conspiratórias, golpistas e separatistas por parte do bloco do poder neoliberal descendente. A todo momento, o processo corre perigo ao implementar o programa geral do povo diante do repúdio violento das classes dominantes que perdem o controle do poder estatal. É o momento da fase heroica e estritamente jacobina do processo, que, ao mesmo tempo que leva o movimento social convertido em poder de Estado a se defender dos inimigos de classe, recria novas mobilizações de defesa e novos horizontes de universalidade programática, como a implementação da desconcentração territorial do poder (diversas formas de autonomia regional e cultural), a universalidade dos serviços, a redistribuição de terras, a defesa dos direitos da Mãe Terra, o início do debate sobre a industrialização das matérias-primas.

A vitória militar, política e moral do bloco popular revolucionário sobre as classes dominantes afastadas (o ponto de bifurcação de agosto-setembro de 2008), o desmantelamento da tentativa separatista da integridade territorial boliviana (março de 2009), e a consolidação eleitoral dessa vitória, em dezembro de 2009, serão substituídas no início do declínio gradual e por ondas do grande ciclo de mobilizações.

Esse é o momento descendente da grande onda de mobilização social iniciada há nove anos. E como ocorreu nas duas etapas anteriores, essa nova fase será marcada pela tensão de duas linhas de ação. A primeira etapa de ascensão da curva de mobilização foi tensionada pela possibilidade de articulação de uma vontade coletiva de poder e pela fragmentação regionalizada e impotente da ação coletiva; a segunda, pela implantação universal do programa de reivindicações populares construído previamente e pelo risco iminente de uma ação contrarrevolucionária que faria a sociedade retroceder décadas nas conquistas sociais. E essa terceira etapa, a descendente, estaria marcada pela tensão entre a consolidação institucionalizada das demandas universais e gerais do bloco social-revolucionário, e a fragmentação corporativista e setorial do bloco popular, a partir da qual, com o tempo, se poderia rearticular um novo bloco conservador de direita.

Trata-se de uma contradição real e interna, no seio do povo, e a continuidade do processo revolucionário boliviano dependerá das formas democráticas e revolucionárias que sejam adotadas para canalizá-la e regulá-la potencializando e tomando partido pela tendência universalista, geral, comunitária e revolucionária, em detrimento da tendência particular, privatizante, conservadora.

Essa tensão no interior do bloco social popular, entre o *geral* que beneficia a todos e o *particular* que só beneficia a alguns, é o que precisamente estamos vivendo desde o ano de 2010. Uma vitória da vontade universalista do bloco indígena-operário-popular permitirá a consolidação expansiva e hegemônica do processo revolucionário. Mas, ao contrário, se o particularismo corporativista e setorial triunfa ao acionar o povo, se marcará o início de um processo degenerativo da revolução e será o ponto de partida para a *restauração* conservadora do bloco empresarial adversário do povo.

É isso o que não compreendem alguns intelectuais arrependidos que substituem a realidade por divagações conceituais que nunca se mancharam no fragor das batalhas reais da plebe e que agora, diante das recentes e inevitáveis dificuldades da nova fase, abandonam o barco – no qual haviam entrado por modismo – para voltar ao seio da classe média, da qual nunca se desprenderam de fato.

Essa tensão entre as demandas universais e as demandas particulares no interior do povo esteve presente desde o início e, de fato, a revolução é precisamente a constante revolucionarização do ser coletivo do povo como sujeito fragmentado e individualizado e por isso dominado para se autoconstituir como ser coletivo comunitário, numa unificação contínua e reiniciada, uma e outra vez. Mas antes não se tratava de algo visível ou decisivo para a caracterização da época. Agora, isso acontece, e o ponto de partida dessa nova etapa da curva de mobilização se dá no início do ano de 2010.

No final do mês de junho, um grupo de dirigentes da Confederação dos Povos Indígenas do Oriente Boliviano (Cidob), organização dos povos indígenas das terras baixas, iniciou uma marcha a partir do Norte do país para exigir que suas reivindicações fossem atendidas. A mobilização foi forçada, pois o presidente tinha previamente solicitado aos dirigentes que se reunissem com ele, o que não foi levado em conta basicamente pelo fato de faltarem poucas semanas para o Congresso da Cidob, no qual seria renovada a direção. Tomar decisões radicais de força antes dos congressos, como também aconteceria logo com a Central Operária Boliviana (COB), costuma ser um mecanismo de reposicionamento político dos dirigentes para a reeleição.

Além disso, a mobilização, amplamente difundida pelos meios de comunicação de propriedade de velhos militantes de partidos políticos neoliberais, durou vários dias reivindicando uma proposta que dividia o bloco social revolucionário. Os dirigentes exigiam que as terras fiscais em planícies – aumentadas de 300 mil para mais de 7 milhões de hectares por ação do governo, com a recuperação de várias fazendas – passassem a ser *propriedade exclusiva dos povos indígenas das terras baixas* e que não fossem distribuídas aos povos indígenas das terras altas e dos vales.

A Constituição Política do Estado reconhece, em igualdade de condições e direitos de acesso às terras, todos os povos indígenas e organizações camponesas. E, de fato, as nações indígenas-camponesas dos vales e das terras altas constituem, segundo o último censo de população e habitação, mais de 60% da população boliviana enquanto que os indígenas de terras baixas correspondem a aproximadamente 3% da população indígena, e apesar desse número, mais de 11 milhões de hectares foram reconhecidos a seu favor nos últimos anos.[3]

Pedir que as terras fiscais fossem atribuídas exclusivamente a apenas 3% da população indígena-camponesa do país, deixando de lado os 97% restantes, os mais necessitados, era não só um despropósito social, mas também um ato lamentável de facciosismo e egoísmo diante das necessidades do restante da população indígena e camponesa do país.

Tratava-se, claramente, de um olhar corporativo e privativista do que é público e que conseguiu a maior adesão de todas as forças conservadoras do país para tentar demonstrar que os próprios indígenas se separavam do governo.

O governo do presidente Evo Morales não podia dar luz verde a tal reivindicação, arriscando-se a ir contra os princípios de igualdade e de justiça. Ainda assim, os meios de comunicação, se aproveitando dessa reivindicação discriminatória, tentaram mostrar que "as próprias bases indígenas enfrentavam" o presidente indígena.

Na realidade, isso era falso, pois as bases dos povos indígenas das terras baixas mantiveram o apoio militante ao presidente Evo, suas iniciativas gerais eram e são permanentemente

---

[3] De acordo com os dados do Inra, desde 1996 foram entregues 40 milhões de hectares, dos quais 16 correspondem a Terras Comunitárias de Origem (TCOs): 4,5 milhões para as terras altas (La Paz, Oruro, Potosí, Cochabamba e Chuquisaca) e 11,5 milhões para as terras baixas.

articuladas aos projetos de gestão governamentais, e seus representantes participavam nos diferentes níveis de legislação do sistema de governo regional, departamental e nacional do país. Tratava-se, então, de uma mobilização de dirigentes que haviam perdido o foco do interesse geral do processo, deixando de lado a busca por reivindicações coletivas favoráveis a todos e se organizado em torno do superdimensionamento do setorial, do corporativo e do privado, que não somente deixava de lado os interesses da imensa maioria dos povos indígenas do país como também comprometia o vínculo com todo o bloco popular. Tanto foi assim que os que mais aplaudiram a marcha foram os integrantes da imprensa de direita.

O governo priorizou os interesses coletivos gerais de *todos* os trabalhadores e de *todos* os indígenas, e explicou para o povo que uma reivindicação como aquela não poderia ser atendida, pois poderia agredir ou romper a unidade de todos os povos indígenas, construída a duras penas na última década, e solicitou que os dirigentes da Cidob para abandonassem a atitude setorialista.

Utilizando métodos democráticos de debate, de mútuo aprendizado e de persuasão no interior da população, o governo explicou o caráter conservador do pedido e, por fim, os companheiros dirigentes retificaram o equívoco abandonando-o. Apesar disso, o dano já tinha sido causado ao enfraquecer a relação entre os povos indígenas das terras altas e os das terras baixas e de ambos com os demais setores populares.

Foi uma contradição secundária no interior do movimento popular que, se no início afetou a aliança entre os setores, com o tempo serviu de base para aprofundar o debate democrático e pedagógico entre os diferentes setores sociais populares com relação aos avanços das reivindicações coletivas de caráter geral, universal, que reestabeleceria, em condições superiores, a unidade das classes subalternas. Seus frutos seriam colhidos quase

um ano depois, quando as diferentes organizações indígenas-
-camponesas do país, que formam o bloco de poder estatal,
elaboraram um projeto de lei de Desenvolvimento Econômico,
privilegiando precisamente os interesses comuns de todos, e de
todos eles com a população urbana e assalariada.

Meses depois, o conflito com as instituições urbanas da
cidade de Potosí teria características semelhantes no âmbito
dessa tensão de conflitos entre interesses gerais e particulares.
O embate começou por uma disputa para definir onde seria
instalada uma fábrica de cimento naquele departamento. O
governo de Potosí incitou sentimentos regionalistas em relação
à "defesa" dos limites departamentais com outro departamento
irmão (não com um adversário estrangeiro, e sim com o departamento
de Oruro), o que levou a uma paralisação das atividades
durante vários dias na cidade.

Apesar do pedido expresso do presidente para se reunir
com os dirigentes alguns dias antes, a greve continuou com
base nas reivindicações que a direção cívica havia impedido
de resolver anteriormente (como o andamento da metalúrgica
Karachipampa, entregue por decisão processual civil a uma
empresa estadunidense, que não investiu nada durante anos),
que não dependiam do governo (acordo entre cooperativistas
e cidadãos para preservar a estrutura de Cerro Rico) ou que já
estavam em execução (aeroporto da província, estradas etc.).

Aproveitando um sentimento regional, ao final da mobilização
se chegou ao mesmo ponto de partida em termos de
resultados reais, mas, claro, novamente as forças políticas conservadoras
da direita tentaram mostrar uma cidade em confronto
com o governo, quando, na realidade a maior parte das
exigências já estava em execução antes do conflito.

Mais uma vez, o olhar exclusivamente local e setorizado
rachou o bloco social nacional, e o governo, a tempo de ratifi-

car o cumprimento das demandas regionais, voltou a defender em primeiro lugar os interesses comuns para todos os setores populares do país.

O último conflito, no mês de abril de 2011, entre duas frações da COB e o governo, mostra com maior clareza essa complexa contradição entre o privado e o comum, entre o particular-setorial e o geral-nacional.

Dois setores sindicais promoveram o protesto. Inicialmente, foram os dirigentes dos assalariados do convênio "*Caja de Salud*", que se opuseram a um direito constitucional: a implementação do Seguro Universal de Saúde.

Na Bolívia, a maior parte dos trabalhadores é formada por camponeses, pequenos produtores, artesãos, comerciantes e assalariados precarizados, que carecem de seguro de saúde. O presidente Evo, desde 2006, promoveu a nacionalização do serviço de saúde como um ato de justiça social, imprescindível para proteger toda a população do país. A iniciativa chegou ao Congresso e foi freada pela oposição que controlava o senado e a maior parte das prefeituras, hoje governadorias.

Com as eleições de 2009, o partido do governo obteve a maioria de votos em ambas as câmaras legislativas e passou a dirigir a maior parte das governadorias, o que possibilitou levar adiante essa reivindicação geral que beneficia a maioria da população.

Contudo, os dirigentes da *Caja Nacional de Salud* se mobilizaram para se opor a essa universalização do direito à saúde, argumentando que o governo queria confiscar os recursos das "*Cajas*" para implementá-la. Tratava-se certamente de uma reivindicação ultraconservadora, e ainda por cima errônea, pois o governo havia explicado, antes do conflito, que esse seguro contaria com novos recursos econômicos para sua implementação.

Mas os argumentos não importaram. O temor corporativo da direção sindical de ver os interesses materiais privados sendo afetados pelas mudanças que conduziriam à universalização dos direitos à saúde, levou o setor a declarar a suspensão das atividades por duas semanas. Isso não só interrompeu o debate sobre o tema, como deixou milhares e milhares de trabalhadores assalariados sem atendimento médico nos postos de saúde.

Outro setor da COB que se mobilizou com uma paralisação das atividades foi o de professores urbanos e rurais. Como ocorre há anos, centraram sua reivindicação no aumento salarial.

Dada a importância social dos setores da saúde e da educação, o governo do presidente Evo elevou desde 2006, de maneira sistemática e crescente, o salário dos trabalhadores desses setores, de tal maneira que se garantiu um aumento anual acima da inflação, ou seja, um aumento permanente dos salários reais. Entre os anos de 2006 e 2011, ambos os setores tiveram um aumento de 55%, enquanto que outros da administração pública (funcionários do Estado e dos ministérios) tiveram seus salários congelados. Desde que assumimos o governo, o presidente, o vice-presidente, os ministros e vice-ministros trabalhamos com salários reduzidos entre 30% e 60% ou mais (no caso do presidente).

Não temos dúvidas de que os funcionários da saúde e da educação precisam de mais aumentos, mas também é óbvio que não se pode fazer tudo de maneira imediata, e esse aumento na remuneração deve vir como resultado do aumento da renda do país em seu conjunto. A política de austeridade administrativa levada adiante pelo governo tem como objetivo melhorar as condições de vida dos setores mais necessitados e concentrar os recursos provenientes da nacionalização e dos rendimentos das empresas estatais para impulsionar uma base mínima industrial no âmbito dos hidrocarbonetos, da mineração, da agricultura e da eletricidade, para que gerem uma riqueza sustentável, de forma que esses recursos sejam utilizados para melhorar a qualidade de vida dos trabalhadores, tanto da cidade quanto do campo.

Numa sociedade em que mais da metade da população é pobre, as necessidades são tão grandes que os poucos recursos não são suficientes para melhorar a vida de todos ao mesmo tempo. E, então, com o que se tem, se deve alavancar novas receitas a partir de uma nova base industrial que mobilize as energias produtivas da maior parte da sociedade, o que originará, gradativamente, maiores excedentes capazes de satisfazer de forma crescente as incontáveis necessidades básicas dos diversos setores sociais.

Do ponto de vista salarial do magistério, os recursos poupados durante esses anos da nacionalização deveriam ser utilizados diretamente para melhorar os rendimentos de alguns setores de assalariados de serviços, deixando de lado outros majoritários no país, assalariados e não assalariados, e anulando indefinidamente qualquer proposta de construção de uma base material industrial capaz de gerar um excedente econômico maior.

Trata-se, com certeza, de uma disputa pelo uso produtivo e improdutivo do excedente econômico.

A classe média estatal do setor educacional e da saúde, ou pelo menos uma parte dela, estimulava o uso corporativo e até privado dos recursos públicos, chegando a reivindicar o uso das reservas internacionais para aumentar os salários. Ao contrário, o governo e os principais setores operários (de Huanuni, Corocoro, Vinto, YPFB) e os indígenas-camponeses do país defendiam o uso produtivo, industrial e agrário da poupança coletiva nacional, pois só a partir da criação de um excedente econômico maior – que resultasse desse uso – se teria maiores rendimentos para melhorar substancialmente os salários de todas e todos os trabalhadores e para dar maior acesso aos serviços públicos para toda a população. Por isso, a greve geral indefinida da COB se resumiu à paralisação dos serviços de saúde pública e à suspensão das atividades de um terço dos funcionários do magistério. O restante dos operários da mineração estatal, do setor petrolífero, os operários, os camponeses e artesãos – ou seja, 95% da classe trabalhadora – mantiveram suas atividades normalmente e rejeitaram essas iniciativas de privatização setorializadas dos recursos do Estado.

Aproveitando essa tensão no interior do bloco popular, a direita conservadora não só suscitaria uma esmagadora presença midiática na mobilização, como também, durante semanas, converteria, da noite para o dia, vários dirigentes da COB, antes desprezados por sua origem popular, em vedetes televisivos dos espaços de notícias e de opinião da cadeia midiática da oposição. Claro que o que procuravam era utilizá-los para enfrentar e criticar o governo no horário nobre. E com uma ingenuidade condescendente, alguns dirigentes caíram nessa manipulação política, tanto que, ao acabar o conflito, muitos voltaram ao anonimato. Informações posteriores confirmariam uma rede de vínculos entre alguns dirigentes desses setores e o segmento mais cavernoso da direita política boliviana assessorada pela sua parceira estadunidense.[4]

Contudo, a greve dos professores e dos profissionais da saúde mais uma vez deixou visível essa tensão entre as tendências corporativas e até certo ponto privatistas no interior do blo-

---

[4] No dia 14 de maio, o ministro do governo, Llorenti, divulgou que, com base em uma investigação sobre o registro de chamadas telefônicas realizadas pelo dirigente da COB de Oruro, Jaime Solares, foi possível comprovar o vínculo entre esse dirigente e a direita (deputada Norma Piérola, senadora Maria Elena Méndez e Andrés Ortega).

co popular, frente às tendências comunitárias e universais do bloco popular.

Como *governo de movimentos sociais*, tentamos a todo momento submeter essas tensões ao debate público e resolvê-las por vias democráticas, estimulando a vanguarda: indígenas, camponeses, trabalhadores, operários, comunidade e estudantes a levantar sempre a bandeira do *comum*, o interesse do comum, da comunidade que é toda a Bolívia, privilegiando sem esquecer – evidentemente – a satisfação gradual dos interesses mais locais e particulares que também fazem parte da vida diária. Sendo assim, o horizonte comunitário não implica a anulação do indivíduo nem do interesse privado, mas a existência razoável desse interesse (privado, local) em meio à satisfação do interesse comum, da Pátria comum, da Pátria de todos.

Ainda assim, houve um momento em que, diante da agressividade de um segmento dos participantes da mobilização, um setor dos indígenas (de Omasuyos, do vale cochabambino, junto aos pais de família da cidade de El Alto) considerou a possibilidade de uma mobilização revolucionária para conter a ação dos dirigentes dos setores da saúde e educação que tentavam fazer da mobilização uma ação política subordinada à estratégia geral de desgaste do governo, fomentada pela direita neoliberal.

Por fim, a mobilização ficou isolada; o governo, em consulta com os operários mineiros e as confederações indígenas e camponesas, manteve sua posição de defesa dos interesses de *todas e todos os bolivianos*, divulgou detalhadamente o programa em curso de reativação e industrialização do aparato produtivo (inclusive apoiado unanimemente pela totalidade dos delegados sindicais da COB presentes durante as negociações) e não cedeu diante da tentação privatizadora presente entre alguns dirigentes sindicais. Isso mostrou que podem existir formas democráticas e formas revolucionárias para resolver as contradições no interior do povo, e como é importante o trabalho de ideologização do movimento sindical urbano, com o objetivo de reforçar as reivindicações comunitárias, comunistas e socialistas, debilitando os focos da ideologia privatizante, corporativista e exclusivamente salarial que ainda estão presentes, especialmente pela ação de resíduos da direita partidária e do trotskismo.

QUARTA TENSÃO: O SOCIALISMO COMUNITÁRIO DO BEM-VIVER

Uma última tensão que impulsiona a dialética e o processo da nossa revolução é a contradição criativa entre a necessidade e a vontade de industrialização das matérias-primas, e a necessidade imprescindível do *bem-viver* – entendido aqui como a prática dialógica e mutuamente vivificante com a natureza que nos rodeia.

Vejamos primeiramente a questão da industrialização. A nacionalização dos recursos naturais não pode se completar nem se expandir se não passar a uma segunda fase que é de industrialização desses recursos. Trata-se, certamente, da questão de uma melhora na renda do Estado, pois os produtos industrializados e semi-industrializados são os portadores de maior valor agregado e com o potencial de beneficiar economicamente o país numa escala maior que a simples exportação de matéria-prima. Além do mais, a industrialização cria uma capacidade produtiva nacional, um manejo tecnológico e um conjunto de saberes científicos que dão ao país uma base para impulsionar crescentes variedades de atividades industriais, intensivas em tecnologia e de mão de obra, e que poderiam transformar a atrasada infraestrutura produtiva primário-exportadora.

A industrialização das matérias-primas é uma antiga demanda popular emergente da dolorosa constatação que, ao longo de 500 anos, a Bolívia contribuiu para o mercado mundial com uma enorme quantidade de matérias-primas, formando polos industriais e o crescimento acelerado de economias receptoras, porém, deixando o país desprovido e na pobreza econômica. Por isso, durante os anos 2006 e 2009, o *governo dos movimentos sociais* se lançou rapidamente a nacionalizar as empresas estatais anteriormente privatizadas do setor de hidrocarbonetos (YPFB), Huanuni, Vinto, Entel e Ende. Hoje, a maioria das empresas públicas está consolidada, apesar das dificuldades de contar com pessoal tecnicamente capacitado que era, em sua maior parte, dedicado à atividade privada pelo nível dos salários. E, a partir do ano de 2010, deu-se início à segunda etapa do processo de nacionalização, consistente com a própria industrialização.

Não é fácil avançar. Em primeiro lugar, porque não temos experiência nisso, trata-se de um novo processo, no qual temos que aprender ao mesmo tempo que o realizamos. Em segundo lugar, porque é um processo caro e, portanto, se requer grandes investimentos, possivelmente os maiores de toda a história econômica do país. Uma petroquímica, por exemplo, custa aproximadamente um bilhão de dólares, uma grande usina termoelétrica, entre um bilhão e três bilhões de dólares, quantidades nunca antes imaginadas no país. E em terceiro lugar, porque se trata de um longo processo, já que são necessários, no mínimo, três anos para fazer as indústrias menores funcionarem, cinco ou seis anos para as de médio porte e dez anos ou mais para as maiores.

O governo já tomou a decisão de industrializar o gás, minerais como o lítio e o ferro, e algumas reservas de água. Cada uma dessas atividades produtivas demanda muito esforço, tempo e dinheiro, mas por fim, uma vez funcionando, são elas que vão permitir multiplicar a renda monetária do país por três, cinco ou mais vezes, conquistando uma base sólida para melhorar os salários, construir mais infraestrutura, melhorar a vida das crianças, idosos, mulheres etc. Essa é uma das maiores reivindicações históricas do povo boliviano, assim como foram a plurinacionalidade e a autonomia, e o nosso governo a assume e pretende cumpri-la o mais rápido possível.

Alguns intelectuais politicamente oscilantes tentaram interpretar esse processo de construção das empresas públicas como um tipo de capitalismo de Estado, que não contribuiria para consolidar o viés comunitarista. Eles cometem, sem desculpas, um grave erro conceitual que encobre um conservadorismo político. Trata-se de um falso debate, pois o capitalismo é, por definição, usufruto do trabalho alheio para a acumulação da riqueza privada. Durante o capitalismo de Estado dos anos 1950, as empresas estatais utilizaram-se para o benefício de certos grupos particulares, de uma classe burocrática que usufruiu pessoalmente dessa renda e a transferiu para outros setores empresariais, intermediários, rurais etc.

Por outro lado, os processos de industrialização impulsionados pelo Estado Plurinacional, em primeiro lugar, geram um tipo de valor, em alguns casos como forma de renda, que não se acumula de forma privada nem é gasto no setor privado. Isso marca uma diferença estrutural com as experiências prévias do capitalismo de Estado. Além do mais, o Estado Plurinacional que redistribui a riqueza acumulada entre todos os setores sociais, ao mesmo tempo prioriza o *valor de uso*[1] e a *necessidade* acima do *valor de troca*, ou seja, a satisfação das necessidades

---

[1] Ao se referir ao valor de uso das mercadorias, Marx aponta: "A mercadoria é, em primeiro lugar, um objeto exterior, uma coisa que, por suas propriedades, satisfaz as necessidades humanas, seja qual for a natureza delas [...]. A utilidade de uma coisa faz dela um valor de uso [...]. Os valores de uso constituem o conteúdo material da riqueza, qualquer que seja a sua forma social" (*O capital*, tomo I/v. 1, Siglo XXI Editores, 16ª edição, p. 43-44).

acima do lucro e do ganho. É o caso dos serviços básicos declarados como um direito humano e, portanto, objeto de acesso em função da sua necessidade e não da sua rentabilidade, o que leva a políticas de subsídios. O acesso à água está subsidiado, assim como o crédito para pequenos agricultores e o Estado também compra produtos agrícolas para garantir a soberania alimentar e a venda a preço justo. Nesse caso, os preços para que os consumidores acessem esses produtos não são regulamentados pelo *valor mercantil* capitalista e sim pelo seu *valor de uso*. Então, o Estado, através do excedente gerado na industrialização, começa a se desprender gradativamente da lógica capitalista da apropriação privada como norma econômica e introduz, expansivamente, a lógica do valor de uso, da satisfação de necessidades, e de fundamento comunitário e comunista, como princípio orientador das atividades econômicas.

Falamos, portanto, de outro regime social em construção com avanços e retrocessos, é isso o que estamos fazendo: potencializando o Estado como um mecanismo de geração de riqueza, não para a acumulação de uma classe e sim para a sua redistribuição na sociedade, principalmente entre os mais pobres e necessitados, que são a alma, o sentido profundo e o norte final de todas as nossas ações como governo.

Porém, ao mesmo tempo, essa força econômica de geração de excedentes para redistribuir para a sociedade inteira e utilizados para aumentar o *valor de uso* não capitalista gera um conjunto de efeitos, de agressões à mãe natureza, ao meio ambiente, à terra, aos bosques e às montanhas – danos que, a longo prazo, afetam irremediavelmente o próprio ser humano.

Toda atividade industrial tem um custo natural, sempre foi assim, mas o que faz o capitalismo é subordinar as forças da natureza, retorcê-las e degradá-las a serviço do valor de troca e do ganho privada, não importando se isso destrói o núcleo reprodutivo da própria natureza. No fundo, o capitalismo é suicida, pois sua ação devoradora e devastadora destrói a natureza e, com o passar do tempo, também o ser humano. Nós temos que evitar esse destino fatal, e é aí que entra a força da comunidade agrária, que se apresenta como um horizonte, um princípio organizador da relação entre as necessidades do ser humano e as da natureza como totalidade viva.

As forças produtivas comunitárias e a ética laboral agrária incorporam um olhar diferente à lógica capitalista em relação a como vincularmo-nos à natureza e nos propõe ver as forças naturais como componentes de um organismo vivo, total, do qual o ser humano e a sociedade são apenas uma parte dependente. Portanto, o usufruto das potências produtivas naturais, entendidas como tecnologias e saberes da natureza, deve se dar no âmbito de uma atitude que dialoga e reproduz essa totalidade natural.

As formas comunitárias tem se desdobrado numa tendência de uma outra forma social de desenvolvimento das forças produtivas, nos quais a natureza é concebida como extensão orgânica da subjetividade humana, que deve ser cuidada para garantir sua continuidade criadora, pois dessa maneira garante também a continuidade da vida humana para as próximas gerações.

"Humanizar a natureza e naturalizar o ser humano"[2] propunha Marx como alternativa ao suicídio social e à destruição da natureza impulsionada cegamente pela lógica capitalista da valorização do valor. A isso Marx chamava de comunismo, a realização da lógica total do "valor de uso" da natureza no ser humano e do ser humano realizado na natureza. Nisso consiste o *bem-viver*: em utilizar a ciência, a tecnologia e a indústria

---

[2] Marx. No terceiro dos *Manuscritos Econômicos e Filosóficos* de 1844.

para gerar riqueza, de modo que se possa construir estradas, postos de saúde, escolas, produzir alimentos, satisfazer as necessidades básicas e crescentes da sociedade. Contudo, precisamos preservar a estrutura fundamental do nosso entorno natural para nós e para as próximas gerações, que encontrarão na natureza a realização de suas capacidades infinitas para satisfazer suas necessidades sociais.

Industrializar sem destruir o fundo estrutural do entorno natural e social da vida, preservar as capacidades naturais para as futuras gerações de todos os seres vivos, mas, ao mesmo tempo, produzir riquezas para satisfazer as atuais necessidades materiais insatisfeitas da população, essa é a tensão, a contradição viva que o presente nos coloca e que não pode ser respondida pelo capitalismo como tal, que somente se ocupa da riqueza material às custas da destruição da riqueza natural, além de aumentar o lucro de alguns poucos, o lucro privado de uma classe social.

Precisamos da industrialização, mas também cuidar da natureza e preservá-la para os próximos séculos. O capitalismo a depreda, a destrói e a utiliza para fins de lucro, e não para a satisfação das necessidades.

A essa tensão criativa, o presidente Evo chamou de *socialismo comunitário do bem-viver*, a satisfação das necessidades materiais humanas através do diálogo vivificante com a natureza, preservando-a para preservar também o destino e o bem-estar comum das futuras gerações de todos os seres vivos.

A inclinação à industrialização desenfreada leva à reprodução da dinâmica depredadora e à conversão das forças produtivas em forças destrutivas da sociedade e de toda a natureza, por outro lado, a atitude contemplativa da natureza leva à preservação das carências materiais da sociedade e, em ambos os casos, à continuidade do processo de produção e reprodução capitalista dos seres humanos. Entretanto, viver essa tensão permanentemente, desdobrando as capacidades técnicas do conhecimento que afetam o entorno natural, mas que também são capazes de reproduzir o fundo estrutural desse entorno natural, é o grande desafio para esquivar e superar as formas "acinzentadas" ou "verdes" da voragem capitalista.

AS TENSÕES SECUNDÁRIAS CRIATIVAS COMO FORÇAS PRODUTIVAS DO PROCESSO DE TRANSFORMAÇÃO

Fizemos referência a quatro tensões criativas no interior do bloco popular, contradições que emergiram no próprio curso das coisas, que apesar das complicações ou diferenças que gerem entre os diferentes setores sociais populares e o aproveitamento que façam disso os setores reacionários da velha elite neoliberal, são tensões, temáticas e divergências que dão visibilidade a debates no interior do povo, que envolvem a sociedade trabalhadora, seja para observar, defender, acelerar, ou fortalecer o processo revolucionário. Por isso, são contradições vivificantes e dialéticas do nosso Processo de Transformação, *forças produtivas* da revolução, cuja existência e tratamento democrático e revolucionário nos permitirão avançar.

Trata-se de tensões próprias de um processo revolucionário que tem de enfrentar os problemas, contradições e novas lutas não previstas nem planejadas anteriormente, porque assim são as verdadeiras revoluções. Aqueles que acreditam que as revoluções são uma unanimidade absoluta não sabem o que dizem, e interpretam mal o termo revolução, que conhecem somente pelos livros. As revoluções são fluxos caóticos de iniciativas sociais e coletivas, são impulsos fragmentados que se cruzam, se enfrentam, se somam e se articulam para voltar a se dividir e a se cruzar novamente. Nada está definido previamente. Não existe um programa escrito ou uma proposta que seja capaz de prever o que virá.

Cada revolução é única pelas forças que a promovem, pela história dos adversários que enfrenta, pelos problemas, territórios e pelas raízes únicas e singulares dos envolvidos. As revoluções são fluxos da lava social que se despertam de todas as partes e para todas as partes, onde cada passo é um *referendum* sobre o curso da própria revolução. As revoluções não têm um curso predeterminado, se tivessem, não seriam revoluções e sim decisões burocráticas de um poder que expropriou a alma do povo. Elas avançam, param, retrocedem, caem e voltam a avançar, às vezes sem saber qual será o próximo passo, inventando a cada momento o seu itinerário.

As lutas e as contradições não podem, pois, assustar os revolucionários, porque elas são o sangue, o sopro de vida e o impulso fundante das sociedades, das classes sociais, da própria vida dos revolucionários, do céu que nos abriga a todos.

A vida é sinônimo de luta somada à contradição. E no caso da nossa revolução, as classes populares e a sua vanguarda indígena-camponesa-operária e afins são a condensação viva dessas contradições, dessas lutas, cujo produto será sua autoemancipação. Compreendê-las e articulá-las como um *fluxo de vontade do poder* comum, comunista, capaz de desmontar, a cada passo, as iniciativas das classes dominantes e conservadoras é a tarefa do *governo dos movimentos sociais*, tendo presente que haverá vitórias momentâneas e derrotas dolorosas, que nos obrigarão a conquistar novas vitórias e assim até o infinito, até que o tempo histórico conhecido até hoje seja paralisado, seja quebrado, e surja um novo, universal, dos povos do mundo, em que o bem--estar da humanidade seja o produto consciente e desejado do trabalho de todas e todos.